Inhalt

François Sarano · Stéphane Durand

UNSERE OZEANE

Nach dem gleichnamigen Film von
Jacques Perrin & Jacques Cluzaud

Mit Zeichnungen von
Clément Devaux

Aus dem Französischen
von Werner Kügler

KNESEBECK

Das Filmteam nimmt dich mit auf eine Reise um die ganze Welt.
AUFNEHMEN DER **WALROSSRUFE** S. 22
BAFFIN-BAI
VERFOLGEN DER **BUCKELWALE** S. 28
HUDSON-BAI
LABRADOR-SEE
VERFOLGEN DER WALE PER **HELIKOPTER** S. 30
FILMEN DER **QUALLEN** S. 24
NORDATLANTIK
SCHWIMMEN MIT DEM **WEISSEN HAI** S. 18
KARIBISCHES MEER
FILMEN DER **ZIEHENDEN THUNFISCHE** S. 34
FILMEN DER **FLITZENDEN DELFINE** S. 20
SÜDATLANTIK
FILMEN DER **JAGENDEN WALE** S. 26
SÜDPAZIFIK
FILMEN DER **JAGENDEN SEELEOPARDEN** S. 16

EISMEER
KARA-SEE
BARENTS-SEE
EUROPÄISCHES NORDMEER
SIBIRISCHES MEER
BERING-SEE
FILMEN IM **MEERESMUSEUM** S. 36 S. 38
FILMEN DES **STURMS** S. 40
SCHWARZES MEER
JAPANISCHES MEER
MITTELMEER
NORDPAZIFIK
ARABISCHES MEER
GOLF VON BENGALEN
CHINESISCHES MEER
DIE **FARBEN DES MEERES** S. 32
FILMEN DER **FREGATTVÖGEL** S. 14
KORALLEN-SEE
INDISCHER OZEAN
TASMAN-SEE
Also, fertig zum großen Tauchgang!
SÜD- POLARMEER

Worum geht es in »Unsere Ozeane«?

Nach ihren Filmen *Mikrokosmos* und *Nomaden der Lüfte* haben Jacques Perrin und Jacques Cluzaud die Welt weiter erforscht und sind diesmal in die Tiefen des Meeres abgetaucht – den größten natürlichen Lebensraum unseres Planeten. Wer, wie unsere Regisseure, die Meeresbewohner aus nächster Nähe beobachten und gleichzeitig Naturschützer bleiben möchte, muss raffinierte, technisch völlig neue Filmmethoden entwickeln.

Wollten Sie schon von Kindheit an Filme machen?
JACQUES PERRIN: Ich stamme aus einer Familie von Theaterkünstlern. Ich glaube, das hat mir dabei geholfen, meine Lebensaufgabe zu finden. Das Kino ist für mich das natürlichste Ausdrucksmittel. Doch ohne Leidenschaft kommt man in der Welt des Films nicht weit.
JACQUES CLUZAUD: Ich bin schon als kleiner Junge zum Filmemachen gekommen. Mit zehn schenkte mir mein Vater eine 8mm-Paillard-Bolex-Kamera, und mit elf hat er mir gezeigt, wie man einen Film dreht. Seitdem habe ich nie mehr damit aufgehört.

Warum filmen Sie die Natur?
JP: Ich bin in der Pariser Vorstadt aufgewachsen und habe die Natur lange als etwas erlebt, das mir fehlt. In den engen Straßen meines Viertels mangelte es mir als Kind an Platz und Freiheit. Ich sehnte mich sehr nach der Natur. Es klingt unglaublich, aber das Meer habe ich erst mit 13 Jahren zum ersten Mal gesehen. Die faszinierende Kraft und Schönheit dieses Anblicks war für mich wie ein Schock. Der gewaltige Eindruck, den dieses Naturerlebnis auf mich gemacht hat, ist auch nach wie vor der Antrieb für meine Arbeit.
JC: Ich habe das Glück gehabt, dass meine Eltern mich sehr früh allein reisen ließen. Anfang der siebziger Jahre standen die Straßen der Welt ja jedem offen, und man konnte per Anhalter Europa, den Mittleren Osten und Amerika durchqueren. Eines Tages habe ich dann Jacques Perrin kennengelernt, und mit der Arbeit an dem Film *Nomaden der Lüfte* ließen sich Reisen, Natur und Kino verbinden.

Die Kinoerfolge *Mikrokosmos* und *Nomaden der Lüfte* haben Millionen von Zuschauern in aller Welt sehr berührt. Wird die Serie mit *Unsere Ozeane* fortgesetzt?
JP: Im Grunde haben wir mit allen unseren Filmen unsere Kindheitsträume verwirklicht. Für *Le Peuple singe – Das Leben der Affen* ist Gérard Vienne jahrelang auf Bäume geklettert und hat sich mit den Affen von Ast zu Ast gehangelt. Für *Mikrokosmos* haben sich die beiden Regisseure auf einer Wiese ins Gras gelegt, um mit den Insekten krabbeln und schwirren zu können. Und bei *Nomaden der Lüfte* hatten wir das Gefühl, uns selbst in die Lüfte zu erheben und mit den Zugvögeln über unseren Planeten zu fliegen …

Fragen an die Regisseure

JC: ... Die Erde ist riesengroß, und es gibt noch so viel zu entdecken! Wir wollten unsere Erkundungen fortsetzen und fanden das Meer besonders spannend. Es ist ja der größte natürliche Lebensraum unseres Planeten und bedeckt nahezu zwei Drittel der Erdoberfläche. Dabei ist es noch weitgehend unerforscht – mindestens zwei gute Gründe also, um unsere Neugier zu wecken.

Sind Sie unter die Taucher gegangen?
JP: Nein. Und selbst wenn wir Tauchen gelernt hätten, wäre das niemals ausreichend gewesen. Für die Unterwasseraufnahmen in diesem Film musste man nicht nur ein professioneller Taucher sein, sondern auch ein erfahrener und begabter Kameramann.

Manche werden vielleicht sagen: »Schon wieder ein Film über das Meer ...« Was ist das Neue an Ihrem Film?
JP: Seltsam ... bei Krimis, Liebesfilmen oder romantischen Komödien würde man so etwas wohl nie fragen ... Gut, im Fernsehen sind ja viele Tierfilme zu sehen, und das ist eine sehr gute Sache. Aber Tierfilme für das Kino gibt es schon sehr viel weniger. Und wahrscheinlich hat die spezielle, erzählerische Sichtweise unserer Filme so viele Zuschauer ins Kino gelockt. Wir wollten das Meer schließlich nicht aus einer nur wissenschaftlich-beschreibenden Sicht heraus zeigen ...
JC: ... wir wollten die Meeresbewohner nicht wie durch eine Scheibe im Aquarium beobachten. Die Haie wollten wir nicht durch die Stäbe eines Schutzkäfigs filmen, sondern sie aus nächster Nähe mit der Kamera begleiten. Wir wollten uns zwischen Fischschwärme mischen, mit Delfinen schwimmen und mit Walen den »Tanz der Wale« tanzen.

Welche technischen Herausforderungen mussten Sie hierbei meistern?
JP: Der Begriff »technische Herausforderung« gefällt mir eigentlich nicht. Es war ja nicht unsere Absicht, »höher, weiter und schneller« zu sein als die anderen. Im Gegenteil, wir haben uns für unsere Filmexperimente viel Zeit gelassen und viel herumprobiert, bis wir die Bilder im Kasten hatten. Technologie an sich interessiert uns nicht. Aber wenn sie es uns ermöglicht, etwas auf neuartige Weise darzustellen und damit eine bisher ungekannte Emotion im Betrachter hervorzurufen, dann lohnt sich der Aufwand vielleicht. Für *Unsere Ozeane* wollten wir so weit wie möglich »Fisch unter Fischen« sein, und es gab bislang keine geeigneten Filmtechniken, um die Unterwasserwelten so hautnah auf die Leinwand zu bringen, wie es uns vorschwebte. Also mussten wir uns neue Hilfsmittel zusammenbasteln.

Welche Instrumente haben Sie eingesetzt?
JP: Wir haben unsere Instrumente mithilfe von begabten Ingenieuren und sehr geschickten Bastlern entwickelt. Bei unseren Technikern war viel handwerkliches Geschick gefragt, um all unsere ausgefallenen Ideen zu verwirklichen – wir brauchten eine Mischung aus Leonardo da Vinci und Daniel Düsentrieb. Die Hauptschwierigkeit bestand darin, die Kamera ständig in Bewegung halten zu können, damit sie die Tiere aus nächster Nähe filmen konnte, egal, wie flink und schnell diese sein würden.
JC: Wir haben damit begonnen, Unterwasserkameras in hydrodynamisch geformte Senkkästen mit externen Bedienelementen zu setzen, um dann während des Tauchgangs verschiedene Einstellungen vornehmen zu können. Außerdem kamen noch einige andere Dinge zum Einsatz: ein Unterwasserscooter, zwei Torpedokameras, die in hundert Meter Abstand von einem Schnellboot gezogen wurden, ein ferngesteuerter Miniatur-Helikopter, ein auf einem Schiff montierter Kamerakran mit stabilisiertem Kopf, der den Horizont bei jeder Geschwindigkeit und auch bei hohem Seegang gerade hält – alles Mittel, um dem Meeresfilm neue Darstellungsformen zu ermöglichen.

Wie in Ihren früheren Filmen werden auch in *Unsere Ozeane* keine Erläuterungen zu den Bildern gegeben. Was ist dann die Botschaft des Films?
JP: Ich bin kein Biologe, kein Wissenschaftler und auch kein Lehrer. *Unsere Ozeane* ist kein Dokumentarfilm. Dieses Metier ist ein Spezialgebiet von Leuten, die in diesen Dingen hundertmal kompetenter sind als ich. Mir war es wichtig, ein Gefühl für die Natur zu vermitteln – für ihren Reichtum, ihre Schönheit und ihre Verletzlichkeit. *Unsere Ozeane* ist dann gelungen, wenn den Zuschauern diese Schönheit und Zerbrechlichkeit bewusst wird. Wenn der Film in den Zuschauern den Wunsch weckt, die Natur zu schützen, dann ist das eine wunderbare Sache. Ich lege es nicht darauf an, den Leuten fachliche Kenntnisse zu vermitteln, ich möchte sie erst einmal ganz einfach emotional berühren.
JC: Wir haben versucht, den Ozean in seiner Gesamtheit darzustellen – mit all seinen vielfältigen Kreaturen und mit all den in und auf ihm stattfindenden Dramen und Freuden – so, als ob man einem Kind auf die Frage antworten müsste: »Was ist das Meer?« Da reichen rein wissenschaftliche oder geopolitische Fakten nicht aus. Man muss Kindern das Meer anders schildern.

MUSTO

Tauchen
– mit oder ohne Blasen?

Um sich den Meerestieren zu nähern, hatten die Taucher vom Team Galatée die Auswahl zwischen zwei verschiedenen Tauchgeräten: einem mit Luftblasen und einem ohne.

Das autonome Tauchgerät
»mit Blasen«

Der Taucher trägt eine Metallflasche mit einem Luftvorrat von 4000 Litern bei sich: 20 Liter, mit einem Druck von 200 Atmosphären 200-fach verdichtet. Um diese Pressluft einatmen zu können, verwendet er einen Lungenautomaten. Das ist ein Druckminderungsventil, das ihm die Atemluft mit einem der Tauchtiefe automatisch angepassten Druck zuführt. Wenn der Taucher ausatmet, stößt er kohlendioxidhaltige Luft aus, die in großen Blasen aufsteigt.

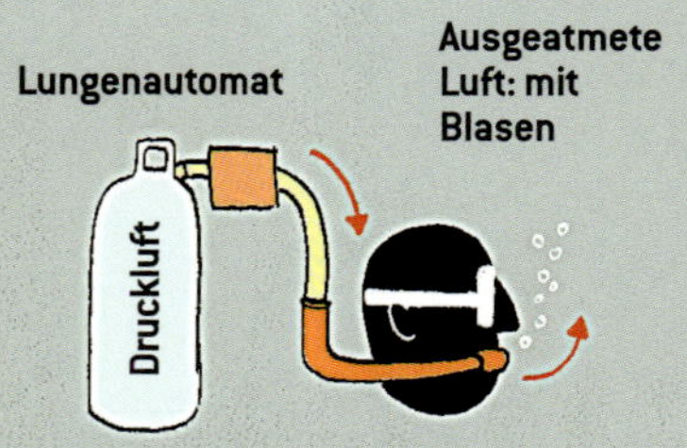

FUNKTIONSWEISE EINES TAUCHGERÄTS »MIT BLASEN«

Die Vorteile:
Das einfache und leichte Gerät ist sofort einsatzbereit. Der Taucher kann sich frei bewegen, mit den Seehunden Kreise drehen, mit den Delfinen tanzen und die Dimensionen der Unterwasserwelt voll ausnutzen: Atmet er aus, kann er sich tiefer sinken lassen, und atmet er ein, so steigt er auf. Er muss keine unnötigen Bewegungen vollführen, sondern nur einfach seinen Körper ausrichten, um sich in der Schwerelosigkeit zu bewegen.

Die Nachteile:
Der Lärm der aufsteigenden Blasen erschreckt manche Tiere. Die Atemluft verschwendet viel Sauerstoff, und die Luftreserven sind schnell verbraucht. Vor dem Auftauchen muss der Taucher mehrminütige Stopps einlegen, um keinen Dekompressionsunfall zu erleiden.

Tauchen mit Blasen

Um den Weißen Hai zu begleiten, ist das Tauchgerät mit Blasen ideal: Mit dem Ausatmen kann sich der Taucher neben das Tier gleiten lassen, mit dem Einatmen steigt er auf, ohne die Flossen viel bewegen zu müssen.

Auf hoher See bleiben Fische und Meeressäuger selten an der Wasseroberfläche. Um sie vor die Linse zu bekommen, muss der Kameramann oft mehrmals tauchen und nutzt hierfür ein herkömmliches Tauchgerät.

Das Kreislauftauchgerät (Rebreather) »ohne Blasen«

Beim Rebreather wird die vom Taucher ausgeatmete Luft nicht ausgestoßen. Das Gerät filtert das enthaltene Kohlendioxid heraus und bindet es mithilfe von Natriumhydroxid (Atemkalk). Die Luft wird anschließend wiederverwendet, nachdem sie mit genauso viel Sauerstoff angereichert wurde, wie der Taucher verbraucht hat.

FUNKTIONSWEISE EINES TAUCHGERÄTS »OHNE BLASEN«

Die Vorteile:
Der Taucher stößt keine Blasen aus und kann sich den Tieren unauffällig nähern. Er kann sehr lange unter Wasser bleiben und muss keine großen Luftreserven mitführen. Da der Stickstoffanteil des Atemgemischs reduziert wird, kommt es seltener zu Dekompressionsunfällen, und weniger Dekompressionsstopps sind nötig.

Die Nachteile:
Für das Tauchgerät braucht man eine Flasche mit reinem Sauerstoff, eine Druckluftflasche, den Atemkalkbehälter und einen Computer, der die benötigte Sauerstoffmenge reguliert. Diese Ausrüstung ist schwer und nicht sofort einsatzbereit. Der Taucher kann nicht schnell auf- und absteigen, denn dazu muss er seine Tauchweste aufblasen oder entleeren, wodurch viel Luft verbraucht wird und er kann sich nicht so frei bewegen wie mit einem autonomen Tauchgerät.

Tauchen ohne Blasen

Da bei manchen Meeressäugetieren heftiges Ausstoßen von Luftblasen ein Zeichen von Aggressivität ist, erschrecken viele Tiere vor den Blasen, die der Taucher abgibt. Hier ist das »leise« Tauchen mit einem Rebreather angezeigt.

Für schöne Gegenlichtaufnahmen begibt sich der Kameramann unter das zu filmende Meerestier. Damit auf den Bildern keine störenden Blasen zu sehen sind, muss er einen Rebreather verwenden.

Akrobaten
und Schildkrötendiebe

Der richtige Platz

Fregattvögel sind wahre Leichtgewichte unter den Seevögeln. Sie sind extrem wasserscheu und vollführen akrobatische Kunststücke, um beim Fangen ihrer Beute nicht nass zu werden. Unter optimalen Bedingungen und bei Tageslicht kann man ihre Pirouetten auf der Insel Europa filmen, wenn die jungen Grünen Meeresschildkröten ihre Nester verlassen.

Die Dreharbeiten

An den Stränden der Insel Europa vor Mosambik verstecken Hunderte von Schildkröten ihre Nester 50 bis 80 Zentimeter tief im Sand. Die Fregattvögel nehmen kleinste Bewegungen wahr, die das Schlüpfen der Schildkröten ankündigen. Man muss also nur den Vögeln folgen und den Kamerakran neben einem Nest aufbauen, bevor die Schildkröten es verlassen. Dann heißt es: »Achtung Kamera!«

Wenn der **Kamerakran** erst einmal im Gleichgewicht ist, lässt er sich ganz einfach bedienen. Mit ihm sind fließende und äußerst genaue Schwenks möglich.

AUSWEIS
LUFTBEWOHNER

Name: **Pazifischer Fregattvogel**
Beiname: **Pirat der Tropen**
Lateinischer Name: ***Fregata minor***
Lebensraum: **tropische Gewässer des Indischen und Pazifischen Ozeans**
Lebenserwartung: **20 Jahre**
Größe (max.): **2,30 Meter Spannweite**
Gewicht (max.): **1,5 Kilo**

Um eine Sequenz mit dem Kamerakran zu drehen, sind vier Personen erforderlich:
1) Der Kameramann leitet die Aufnahmen und kontrolliert die Bildeinstellung über einen Videobildschirm. Dieser ist durch ein Kabel mit der Kamera verbunden.
2) und 3) Der leitende Techniker und sein Assistent bewegen den Kamerakran.
4) Der Kameraassistent stellt über Funk die Schärfe ein und löst die Kamera aus.

Das Leben
der Grünen Meeresschildkröte

Nachts graben die Weibchen Nester in den Sand, legen etwa hundert Eier hinein und kehren sofort wieder ins Meer zurück.

Drei Monate später schlüpfen die Schildkrötenbabys und begeben sich, meist nachts, auf ihre gefährliche Wanderung in Richtung Meer.

Selbst dann, wenn es bis zum Meer kommt, überlebt nur etwa eines von tausend Schildkrötenbabys. Erwachsene Weibchen kehren zur Eiablage an ihren Heimatstrand zurück.

Mit teuflischer Präzision
Ein Fregattvogel kann sich eine kleine Schildkröte schnappen, ohne einmal anzuhalten – manchmal sogar, noch bevor sie überhaupt aus dem Sand gekrochen ist.

Der Schrecken der Eismeere

Der richtige Ort

Seeleoparden verbringen einen Großteil ihres Lebens zwischen treibenden Eisschollen am Rande des Packeises. Im Sommer kommen die Weibchen gerne an die Küsten, um anstelle des üblichen Krills (kleine Krebstiere) auch mal ein paar unbekümmerte junge Pinguine zu verspeisen. Vor den großen Pinguinkolonien hat man also meist gute Chancen, einem Seeleoparden zu begegnen.

Die Seereise

Die Antarktis ist ein menschenleerer Kontinent und eine Reise dorthin ist eine aufregende Expedition. Das Filmteam ging an Bord der »Kotik 2«, ein Segelschiff, das sich besonders gut zwischen Eisbergen hindurchschlängeln kann. Das Schiff stach bei Ushuaia im Süden Argentiniens in See, umsegelte Kap Horn und nahm dann direkt Kurs auf die Antarktis – schaukelnd ging es durch das raueste Meer der Erde. Da braucht man einen robusten Magen!

Der **Seeleopard** steht an oberster Stelle der Nahrungskette in der Antarktis. Mit seinem riesigen Maul und seinen kräftigen Zähnen ist er eine erschreckende Erscheinung.

Wissenswertes vor dem Tauchen

Weibliche Seeleoparden, die sich der Küste nähern, richten Jagdreviere ein, die sie energisch verteidigen.

Der Taucher ist für die Tiere ein möglicher **Konkurrent**, den sie mit drohend aufgerissenem Maul verscheuchen wollen.

Der Kameramann muss versuchen, von den Tieren akzeptiert zu werden. Er hält sich im Hintergrund, ohne jedoch zurückzuweichen.

Die Dreharbeiten

Sechs Wochen lang segelte die »Kotik 2« auf der Suche nach Seeleoparden umher. In diesem Sommer war Krill im Überfluss vorhanden, und die Seeleoparden verschonten die jungen Pinguine. Am vorletzten Tag der Reise aber begannen die Tiere ihre grausame Jagd und versetzten die Pinguine in Angst und Schrecken. David Reichert konnte die Jagdszenerie mit seiner schwimmenden Kamera gleichzeitig über und unter Wasser filmen..

Im Februar, wenn am Südpol Sommer ist, sind Tausende junge Pinguine bereit für ihre erste Schwimmstunde.

Die jungen Pinguine planschen sorglos und übermütig ... bis plötzlich ein Seeleopard nach ihnen schnappt.

Der **Trockentauchanzug** ist wasserdicht und kann mit Argongas befüllt werden. Das Gas bildet eine zusätzliche Isolierschicht. Der Taucher trägt warme Unterkleidung aus Vlies.

Außer von Pinguinen ernährt sich der Seeleopard von Krill, den er mithilfe seiner großen, spitzen Zähne wie durch einen Kamm filtern kann.

AUSWEIS

Meeresbewohner

Name: **Seeleopard**

Beiname: **Schrecken der Eismeere**

Lateinischer Name: ***Hydrurga leptonyx***

Lebensraum: **Antarktis**

Größe (max.): **3,5 Meter**

Gewicht (max.): **500 Kilo**

Lebenserwartung: **unbekannt**

Die Über- und Unterwasserkamera unter der Lupe

Die Kamera wird von zwei Surfbrettern und Eisenstangen gehalten – ein ebenso einfacher wie genialer Apparat, mit dem man gleichzeitig über und unter der Wasseroberfläche filmen kann.

Dem Weißen Hai in die schwarzen Augen geschaut

Der richtige Ort

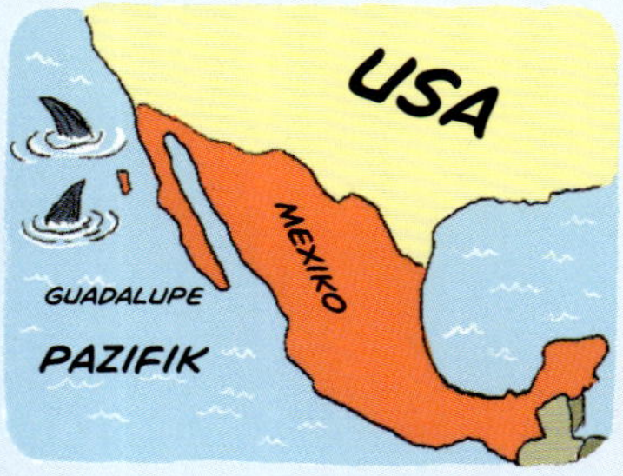

Weiße Haie gibt es in allen gemäßigten Meeren. Besonders zahlreich sind sie in der Nähe von Seeelefanten anzutreffen, da diese Tiere den Raubfischen als Nahrung dienen. Im Winter eignet sich die mexikanische Insel Guadalupe perfekt dazu, um Weiße Haie zu filmen: Das Wasser ist hier zu dieser Jahreszeit besonders klar, und die nach Seeelefanten jagenden Haie sind außergewöhnlich groß.

Gut vorbereitet

Respekt und Gelassenheit sind die beiden Hauptvoraussetzungen, um frei neben einem Weißen Hai zu tauchen. Die Horrorgeschichten über menschenfressende Haie muss man als Taucher komplett vergessen. Sie entsprechen auch keineswegs der Wahrheit: Ein Hai hat das Gehirn eines Goldfisches und ist weder böse noch berechnend. Er reagiert nur ganz instinktiv auf Reize, die ihm begegnen.

AUSWEIS

MEERESBEWOHNER

Name:
Weißer Hai

Beiname:
Mörderhai

Lateinischer Name:
Carcharodon carcharias

Lebensraum:
in allen Meeren

Größe (max.): **7,2 Meter**
Gewicht (max.): **2,5 Tonnen**

Lebenserwartung:
unbekannt

Die Annäherung

Für den Hai ist der Taucher ein völlig unbekanntes Wesen. Er kann ihn für eine Beute oder einen Konkurrenten halten.

Wenn der Taucher ängstlich zurückweicht, verhält er sich wie eine Beute und riskiert einen Angriff.

Plötzliche Bewegungen erschrecken den Hai. Bleibt der Taucher jedoch gelassen, wirkt das beruhigend auf das Tier.

Hautnah

Unter der Leitung von Jacques Cluzaud begibt sich der Taucher François Sarano neben den Weißen Hai und skizziert die Körperhaltungen des Tieres auf einem in Plastik eingeschweißten Zeichenbrett. Die Kameraleute David Reichert und Didier Noirot filmen die Szene. Die Taucher Patrice Pain und Marc Thurlow stehen mit Stangen bereit, um das unberechenbare Raubtier notfalls abzuwehren.

Falls notwendig, können sich die Taucher in zwei **Metallkäfige** zurückziehen. Einer befindet sich an der Oberfläche, der andere in acht Metern Tiefe.

Wissenswertes
vor dem Tauchen

Der Hai hält seine Brustflossen in der Horizontalen: Das bedeutet, er ist ruhig und selbstsicher.

Wenn er seine Brustflossen wie hier nach unten neigt, wird er bald einen Einschüchterungsangriff starten.

Die Spinnerdelfine, Meister der Luftakrobatik

Für ihre **Luftsprünge** und Drehungen schießen die Delfine mit 30 km/h aus dem Wasser. So schnell kann ihnen unter Wasser kein Kameramann folgen.

Der richtige Ort

Vor der Küste Costa Ricas breitet sich explosionsartig Plankton aus und bietet Schwärmen kleiner Fische reiche Nahrung. Diese Überfülle zieht verschiedene Meeresraubtiere an: Vögel, Segelfische, Gelbflossen-Thunfische und vor allem den Ostpazifischen Delfin. Die flinken Delfine begleiten ihre akrobatischen Luftsprünge durch Drehungen um die eigene Achse. Hiervon leitet sich ihr englischer Beiname »Spinner« (»to spin« = rotieren) ab.

Die Dreharbeiten

Um Delfine aufzuspüren, muss man nur den Fregattvögeln und Tölpeln folgen. Die Meeresvögel sind auf dieselben Fischschwärme aus wie die Delfine. Die Tiere kommen rasch heran und spielen am Bug des Schiffes. Mithilfe der Polecam kann der Kameramann filmen, wie die Delfine in voller Geschwindigkeit voranpreschen – im Film wirkt das später, als würde er direkt neben ihnen schwimmen. Derart lebensnahe Aufnahmen von Delfinen sind bisher noch niemandem gelungen.

Unbändiger Appetit

Spinnerdelfine sind begierig auf Laternenfische. Bei Tag suchen diese die Dunkelheit großer Tiefen auf, wo sie für Delfine unerreichbar sind. Nachts aber steigen sie zur Oberfläche auf, um Plankton zu fressen. Dann nutzen die Delfine ihre Chance und hindern sie daran, in größere Tiefen zurückzukehren. So können sie die Fische bei Tageslicht bequem verspeisen.

Wissenswertes über Spinnerdelfine

Der Ostpazifische Delfin springt aus dem Wasser und dreht sich dabei so schnell um die eigene Achse, dass das spritzende Wasser ihn wie eine Hülle umgibt.

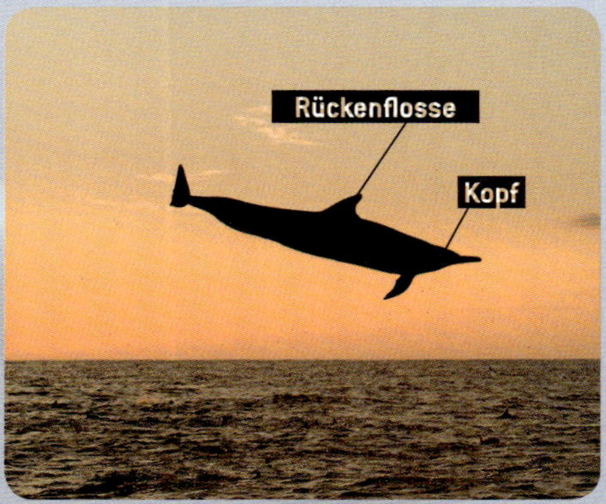

Den männlichen Spinnerdelfin erkennt man an seiner ungewöhnlich geformten Rückenflosse, die nicht nach hinten, sondern nach vorne gekrümmt ist.

Früher starben Tausende Delfine in Thunfischnetzen. Heute lassen die Fischer sie frei, bevor sie ihre Netze einholen.

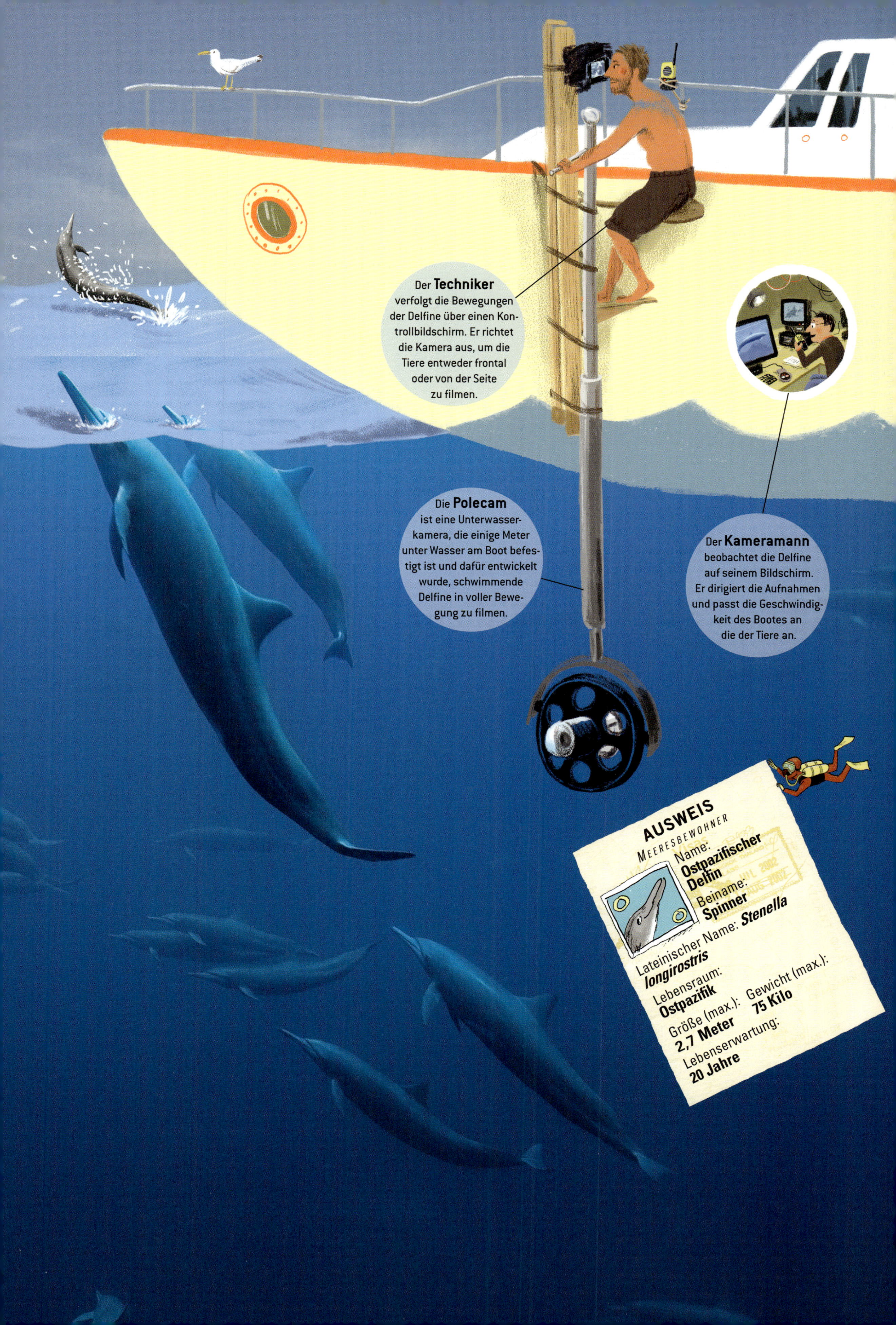
Der **Techniker** verfolgt die Bewegungen der Delfine über einen Kontrollbildschirm. Er richtet die Kamera aus, um die Tiere entweder frontal oder von der Seite zu filmen.
Die **Polecam** ist eine Unterwasserkamera, die einige Meter unter Wasser am Boot befestigt ist und dafür entwickelt wurde, schwimmende Delfine in voller Bewegung zu filmen.
Der **Kameramann** beobachtet die Delfine auf seinem Bildschirm. Er dirigiert die Aufnahmen und passt die Geschwindigkeit des Bootes an die der Tiere an.
AUSWEIS
MEERESBEWOHNER
Name: **Ostpazifischer Delfin**
Beiname: **Spinner**
Lateinischer Name: ***Stenella longirostris***
Lebensraum: **Ostpazifik**
Größe (max.): **2,7 Meter**
Gewicht (max.): **75 Kilo**
Lebenserwartung: **20 Jahre**

Die Laute des Ozeans

Die Vorbereitung

Das Filmteam stellt vorab die Ausrüstung zusammen, die zum Aufnehmen der Walrossrufe benötigt wird. Toningenieur Philippe Barbeau bereitet vier Außenmikrofone und zwei Unterwassermikrofone (Hydrophone) vor, die später mit Kabeln an ein digitales Aufnahmegerät angeschlossen werden. In der Arktis herrscht eine solche Stille, dass man auch leise, weit entfernte Geräusche hören kann. Man spricht deshalb auch von »belebter Stille«.

Die »Star-Suche«

Das Schwierige an der Arktisexpedition ist nicht nur die Kälte und Einsamkeit, sondern auch das Problem, Walrosse zu finden, die zum Mitmachen bereit sind. Walrosse geben nicht gerne Interviews. Deshalb muss man oft tagelang mit dem Boot zwischen Eisschollen herumfahren und nach den scheuen Tieren Ausschau halten, bis man irgendwann die Mikrophone aufbauen und erste Walrossgesänge aufnehmen kann.

Wissenswertes
über das Walross

Walrosse liegen gerne eng beieinander. Sie entfernen sich nicht von der Küste, denn sie ernähren sich von Muscheln, die sie in geringer Tiefe im Schlamm finden.

Die Walrossmutter zieht ihr Junges allein groß. Zwei bis drei Jahre lang hilft sie ihm beim Schwimmen und auf der Futtersuche, bis es endlich allein zurechtkommt.

AUSWEIS

MEERESBEWOHNER

Name:
Walross

Lateinischer Name:
Odobenus rosmarus

Lebensraum:
Nordpol

Größe (max.): **3,6 Meter**

Gewicht (max.): **1,9 Tonnen**

Lebenserwartung:
30–40 Jahre

Die vier **Außenmikrofone** bekommen eine Haube aus Kunstpelz verpasst, um störende Windgeräusche abzufangen.

Das Einfangen von **Geräuschen** über und unter Wasser

Unter Wasser sind Walrosse äußerst gesprächig. Ihre Laute reichen vom **Brüllen, Bellen, Klacken, Pfeifen** bis hin zu Geräuschen, die wie **Glockenschläge** klingen. Die Laute dienen zur Kommunikation und zur Markierung des Reviers. Weil sich Schallwellen im Salzwasser schneller verbreiten als in der Luft (1500 Meter pro Sekunde), müssen die beiden Mikrofone in 15 Metern Tiefe sechs Meter voneinander entfernt positioniert werden, um eine Stereoaufnahme zu ermöglichen.

Über einen Tastbildschirm kontrolliert Toningenieur Philippe Barbeau ständig die Einstellungen der Mikrofone. Wenn er den Abstand zwischen den Mikrofonen verändert, kann er verschiedene Klangeindrücke erzielen.

Stereoklänge

Der Toningenieur arbeitet im Freien mit so empfindlichen und fein abgestimmten Mikrofonen, wie sie auch bei der Aufzeichnung klassischer Konzerte verwendet werden. Um für das Kino alle Geräusche überzeugend nachbilden zu können, stellt der Toningenieur vier bis fünf Mikrofone auf: drei für die Hauptgeräusche, die später frontal von der Leinwand ertönen, und zwei für Hintergrundgeräusche, die seitlich der Zuschauer abgespielt werden.

Die Armee der Quallen

Der richtige Ort

Quallen gibt es in allen Ozeanen. Trotzdem ist es schwierig, sie zu filmen. Denn man kann nie im Voraus wissen, wo und wann sich die durchs Wasser schwebenden Nesseltiere sammeln. Wir beschlossen also, die Quallen bei jeder zufälligen Gelegenheit zu filmen. Eine solche Gelegenheit bot sich in Kalifornien: Wir wollten eigentlich Aufnahmen von Meerottern machen und stießen dabei durch einen glücklichen Zufall auf einen Schwarm Seenesseln.

Die Dreharbeiten

An der nordamerikanischen Pazifikküste lebt eine besondere Quallenart, die Seenessel Im Herbst sind die Seenesseln schon groß und gut entwickelt Während unserer Dreharbeiten wurden die im pazifischen Ozean geborenen Quallen von der Meeresströmung in die Bucht von Carmel getragen. Für die Aufnahmen trug unser Taucher David Reichert einen Neoprenanzug. So ging er kein Risiko ein, schmerzhaft »genesselt« zu werden.

Die Quallen-Party

Quallen reagieren empfindlich auf Wasser- und Klimaveränderungen. In bestimmten Jahren herrschen besonders günstige Bedingungen für die Gallertwesen vor, und sie vermehren sich explosionsartig. Wenn die vielen Quallen dann noch von der Meeresströmung zusammengetragen werden und in Massen auftreten, spricht man von einer Qualleninvasion. Klimaerwärmung und das Verschwinden ihrer natürlichen Feinde tragen hierzu noch bei.

AUSWEIS
MEERESBEWOHNER

Name: **Seenessel**
Beiname: **Meernessel**
Lateinischer Name: ***Chrysaora fuscescens***
Lebensraum: **Nordamerikanische Pazifikküste**
Größe (max.): **Durchmesser: 1 Meter**
Tentakel: 4 Meter
Lebenserwartung: **einige Wochen**

»Au, au! Das brennt!«

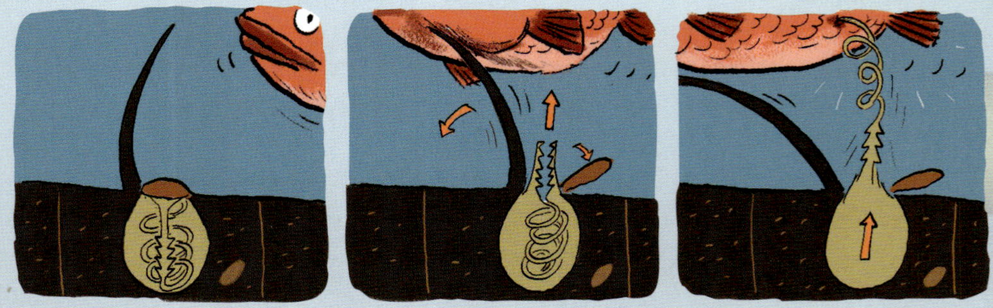

Die **Tentakel** der Seenessel sind mit winzigen **Härchen** bedeckt, die mit einer Art Harpune und mit einer Giftkapsel gekoppelt sind. Sobald man die Härchen berührt, platzt die **Giftkapsel**.

Die entsicherte **Harpune** schießt heraus und injiziert dem Opfer wie eine Spritze das Gift.

Die **Seenessel** fängt mit Ihren Tentakeln viele andere Quallenarten. Sie ist für Menschen zwar ungefährlich, aber ihre Berührung ist doch sehr schmerzhaft.

Die Quallen
der Quallen

Die **Fahnenmundqualle** *Chrysaora colorata* lebt allein. Ihre Tentakel können die Form von langen Fransen haben.

Die **Ohrenqualle** *Aurelia aurita* ist die am weitesten verbreitete Quallenart. Sie kommt in allen Meeren vor und ist für Menschen ungefährlich.

In Japan lebt die **Gelbe Haarqualle** *Cyanea capillata*. Sie hat einen Durchmesser von zwei Metern und wiegt mehr als 200 Kilo! Auch sie ist für Menschen ungefährlich.

Eine Qualle unter der Lupe:

Mit den Tentakeln tötet oder betäubt die Qualle ihre Beute und führt sie dann zu ihrer Mundöffnung an der unteren Seite des gallertartigen Magenschlauchs.

Die leisen Jäger

Der richtige Ort

In den Ozeanen der Welt gibt es Tausende Wale, aber nur eine Walart wagt es, Seehunde an Land zu fangen. Vor der argentinischen Halbinsel Valdés spielen Seehunde im Wasser – geschützt durch ein Riff entlang der Küste, das die Wale am Näherkommen hindert. Nur einige enge Kanäle durchbrechen das Riff bis zum Strand. Hier riskieren Schwertwale ihre gewagten Strandungen, und vor einem dieser Durchlässe haben wir unsere Kamera postiert.

Der richtige Moment

Ab April lernen die im Februar geborenen Seehunde schwimmen. Ahnungslos vergnügen sie sich in den Wellen, ohne auf die Schwertwale zu achten, die draußen im Meer auf die Flut warten. Wenn das Wasser hoch genug gestiegen ist, können die massigen Jäger bis zum Strand vordringen. Geduldig beobachten sie die jungen Seehunde, bis einer sich ins Wasser gleiten lässt. Dann schießen sie geräuschlos auf ihre Beute zu.

Wissenschaftliche Unterstützung

Der Wildhüter Hector Casin kann aufgrund von Bewegungen an der Wasseroberfläche vorhersagen, wann ein Schwertwal auftauchen wird.

Robert Bubas erforscht die Schwertwale von Valdés seit 15 Jahren. Er erkennt sie an ihren weißen Flecken und kann jedes Tier identifizieren.

Dank der Erfahrung dieser beiden Männer konnte das Filmteam den Moment des Angriffs einfangen, ohne zu viel Filmmaterial zu verschwenden.

AUSWEIS

MEERESBEWOHNER

Name:
Schwertwal/Orka

Beiname:
Mörderwal

Lateinischer Name:
Orcinus orca

Lebensraum:
in allen Ozeanen

Größe (max.): **9 Meter**

Gewicht (max.): **8 Tonnen**

Lebenserwartung:
50–80 Jahre

Die Dreharbeiten

Jeden Morgen, bevor die Flut ihren Höchststand erreicht, liegt das Team in Sandmulden verborgen und beobachtet die Seehunde. Nach langem Warten durchschneidet in der Ferne die Flosse eines Schwertwals die Wasseroberfläche. Er taucht ab und schießt dann wie eine Rakete in einer ungeheuren Gischtwolke an den Strand. Der Wal hat einen jungen Seehund überrascht und kehrt ins tiefe Wasser zurück, um die Beute mit seiner Walfamilie zu teilen.

Die Jagdtechnik
der Schwertwale

Vor Valdés jagen die Schwertwale **nach Gehör.** Sie lauern bewegungslos auf verräterische Geräusche der planschenden Seehunde.

Meist greifen sie dann **schräg von hinten** an, damit die jungen Seehunde sie weder sehen noch hören.

Die Technik, **gefahrlos zu stranden** und ins tiefe Wasser zurückzukehren, müssen junge Orkas jahrelang von ihren Müttern lernen.

»Man muss tagelang warten, bis man den plötzlichen Angriff eines Wals filmen kann. Das erfordert enorme Konzentration.«

Thierry Thomas, *Kameramann*

Der Tanz der Wale

Auf Wal-Spur

Buckelwale sind nach ihrem auffälligen Wulst unterhalb der kleinen Rückenfinne benannt. Den Buckel kann man gut sehen, wenn die Tiere abtauchen. Buckelwale leben in allen Ozeanen der Erde. Zur Fortpflanzung begeben sie sich jedes Jahr in tropische Zonen, zum Fressen wandern sie in nahrungsreiche **arktische oder antarktische** Polarregionen ab. Wir haben die Tiere in **Alaska** besucht.

Das Tethys-System

Auf dem Meer ist ständig alles in Bewegung. Wind und Wellen schaukeln den Kameramann umso heftiger, je schneller das Boot unterwegs ist. Mithilfe von Berechnungen eines Computersystems wird die Kamera mit dem **Tethys-System** automatisch im Gleichgewicht gehalten. Tethys ist an einem Kamerakran befestigt, bleibt ohne zu wackeln stets auf den Horizont gerichtet und liefert dadurch Bilder in Kinoqualität.

Die Leute an Bord

❶ **Der Regisseur**
Jacques Cluzaud ist der Einzige, der das Drehbuch genau kennt. Damit sich alle Aufnahmen perfekt im Film zusammenfügen, erklärt er dem Team, welche Tiere wie aufgenommen werden sollen.

❷ **Der Ingenieur**
Jacques Fernand Perrin hat das Tethys-System erfunden und achtet darauf, dass die Kamera ständig in der Waagrechten bleibt – egal, wie wild das Boot schaukelt.

Die Dreharbeiten

Bei Tagesanbruch nehmen alle im Team ihre Plätze im Boot ein, und die Suche beginnt ... Die Wale sind über Nacht verschwunden, es sind weder Blasfontänen noch Flossen zu sehen. Plötzlich bläst ein Wal, als wolle er uns den Weg weisen, taucht wieder ab und zeigt uns seine gewaltige Fluke. Nun ziehen die beeindruckenden Tiere eines nach dem anderen an der Tethys vorbei. Andächtig schweigend filmen wir dieses Schauspiel.

Stundenlang passiert nichts. Dann springen zwei Wale und ein Kalb so plötzlich aus dem Wasser, dass es uns nicht gelingt, mitzufilmen.

Die Fluke dieses Wals hätte uns beinahe umgehauen. Die **Buckelwale** verdienen ihren Namen wirklich: *Megaptera* bedeutet «Große Flügel«.

Das **Wetter** hat manchmal seine **Launen**. Als Tethys in einen Schneesturm gerät, kann selbst Aufnahmeleiter Jacques Cluzaud wenig ausrichten.

AUSWEIS

MEERESBEWOHNER

Name:
Buckelwal

Lateinischer Name:
Megaptera novaeangliae

Lebensraum:
in allen Ozeanen

Größe (max.): **15,5 Meter**
Gewicht (max.): **35 Tonnen**

Lebenserwartung: **50 Jahre**

❸ Der Kameraassistent stellt die Blende und Schärfe der Kamera ein. Es ist gar nicht so einfach, die Einstellungen richtig anzupassen, wenn man nicht genau weiß, wo die Tiere auftauchen werden.

❹ Der Kameramann Luc Drion nimmt die Bildeinstellungen vor und leitet die Aufnahmen. Er ahnt, wie sich die Tiere verhalten werden, und startet seine Kamera wenige Sekunden, bevor es losgeht.

❺ + ❼ Die Techniker Guilhem Boubée und Edgard Raclot bedienen den Kamerakran. Mit ihm führen sie die Kamera in fließenden Bewegungen von der Wasserfläche nach oben.

❻ Der Wissenschaftler Fred Sharp fotografiert die Schwanzflossen der Wale. Da jede Fluke eine andere Farbe und Form hat, kann er die einzelnen Tiere auf diese Weise später identifizieren.

Festschmaus
für die Buckelwale

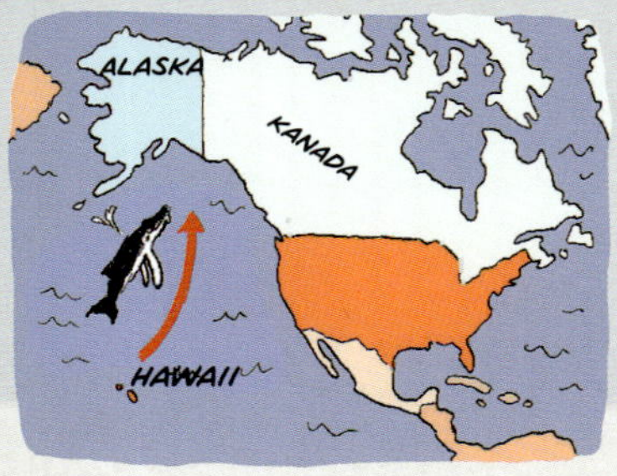

Der richtige Ort
Im Frühjahr ziehen die Buckelwale, die den ganzen Winter über nichts gefressen haben, Richtung Alaska. Zur gleichen Zeit wandern riesige Heringsschwärme in ihre Fortpflanzungsgebiete im Norden. Im Südosten Alaskas kann man deshalb zu dieser Jahreszeit eine ganz besondere Jagdtechnik der Wale beobachten – mithilfe einer speziellen Blasentechnik jagen und fangen sie die Heringsschwärme in »Teamarbeit«.

Spitzentechnik
Ein normaler Hubschrauber müsste hoch über den Walen fliegen, um sie nicht zu erschrecken, und wegen der großen Entfernung müsste der Kameramann ein Teleobjektiv benutzen. Mit dem Modellhelikopter jedoch kann man den Tieren sehr nahe kommen und ein Weitwinkelobjektiv verwenden, das viel spektakulärere Bilder liefert. Aber Achtung: Für die empfindliche fliegende Kamera kommt die Blasfontäne eines Wals einem Orkan gleich!

Die Dreharbeiten
Auf dem Boot wartet das Filmteam darauf, dass die in der Tiefe versteckten Wale auftauchen. Bald durchbrechen Blasen in Form einer Spirale die Wasseroberfläche. Frédéric lässt seinen ferngesteuerten Helikopter abheben und den Kreis aus Luftblasen auf der Wasseroberfläche überfliegen. Christophe beginnt zu filmen, sobald die Wale emporschießen.

Der Kameramann
Christophe Pottier überwacht die Aufnahmen über seinen Kontrollbildschirm. Er steuert Kamerabewegung und Blendeneinstellung.

Der Pilot
Frédéric Jacquemin führt mit seiner Fernsteuerung konzentriert diejenigen Flugbewegungen aus, die der Kameramann haben möchte.

Wissenswertes
über den Mini-Hubschrauber

Die **35mm-Kamera** wurde eigens umgebaut, damit sie in das Gehäuse des Hubschraubers passt. Der Modellhubschrauber ist 1,8 Meter lang und wiegt 12 Kilo.

Frédéric Jacquemin hat **zehn Jahre Berufserfahrung** und hat im Vorfeld lange am Simulator geübt, bis er sich hier den Meerestieren mit seinem Helikopter nähert.

Der **Modellhelikopter** hat einen leisen Elektromotor mit einer Betriebsdauer von zehn Minuten. In seinem Innern trägt er eine 35mm-Kamera mit Weitwinkelobjektiv.

Auf Heringsjagd

Ein Wal legt rund um die Heringe einen **Ring aus Luftblasen** an – für die kleinen Fische eine unüberwindbare Barriere.

Ein anderer Wal führt die Jagdgruppe an: Er stößt rhythmische Laute aus, die sich zu einem **Sirenengeheul** steigern.

Auf dieses Signal hin schießen die Wale mit aufgerissenen Mäulern zu den **Heringen** empor und mit der Beute aus dem Wasser.

Vom Schatten ins Licht

Vorbereitung

Neukaledonien wird von einem der schönsten Korallenriffe der Welt umgeben. Das Riff gehört zum Welterbe der UNESCO. In der Region von Hienghène konnten wir die unglaublich vielfältige Unterwasserwelt dank unseres Tauchführers Thierry Baboulenne erkunden. In dem Riff leben Hunderte von Korallenarten, Schwämmen und Fächergorgonien. Die Unterwasserlandschaft bietet Tausenden von bunten Fischen Schutz.

Licht und Meer

Unser »weißes« Sonnenlicht ergibt sich aus der Mischung aller Farben des Regenbogens: Violett, Blau, Grün, Gelb, Orange und Rot sowie der für Menschen unsichtbaren Farben Ultraviolett und Infrarot. Das Wasser verhält sich wie ein Filter, der die Lichtwellen schluckt und die Welt unter Wasser zu matten Farben verklingen lässt. Zudem befinden sich im Meer zahllose mikroskopische Teilchen, die die Lichtwellen abfangen und zu feinem Nebel zerstreuen.

Die Dreharbeiten

Kameramann René Heuzey und sein Assistent Aldo Ferruci tauchen ab: zehn Meter tief, 20 Meter tief ... Alles ist blau: die Korallen, die Gorgonien, die Fische. Wo bleiben die bunten Farben des Korallenriffs? Als René zu filmen beginnt, schaltet Aldo seinen Unterwasserscheinwerfer ein und verhilft dadurch der roten Gorgonie zu ihrer eigentlichen Farbe. Durch denselben »Zaubertrick« erstrahlen nun auch die kleinen Fische zwischen den Korallen in leuchtendem Orange.

AUSWEIS

MEERESBEWOHNER

Name:
Rote Fächergorgonie

Beiname:
Seefächer

Lateinischer Name:
Melithaea crocea

Lebensraum:
Korallenriffe/tropische Regionen

Größe (max.):
2–3 Meter Durchmesser

Lebenserwartung:
mehrere Jahrzehnte

Früher

Vor der Erfindung des Unterwasserscheinwerfers bzw. -blitzgeräts war die Welt des Tauchers ziemlich farblos. Leuchtend farbige Unterwasseraufnahmen waren noch nicht möglich.

Heute

Die Kameraleute verwenden **künstliches Licht**, das den Gorgonien und Weichkorallen erst ihre Farben verleiht. Im Lichtkegel der Scheinwerfer erstrahlt das Riff in seiner vollen Farbenpracht.

Was geschieht
unter Wasser mit den Farben?

Je nach Farbe lässt die Leuchtkraft des Lichts unter Wasser sehr schnell nach: **Infrarot verschwindet bereits ab dem ersten Meter**, und nur wenige Lichtwellen dringen bis in 100 Meter Tiefe vor. Unter Wasser nehmen die Farben je nach Wellenlänge unterschiedlich schnell ab. Farben sind elektromagnetische Wellen mit unterschiedlichen Längen zwischen 400 Nanometer (Ultraviolett) und 700 Nanometer (Infrarot). Das **langwellige rote Licht** wird unter Wasser sehr **schnell absorbiert**, das **kurzwellige blaue Licht** jedoch kann bis **in größere Tiefen** durchdringen – in klaren Meeresgewässern bis zu 200 Meter tief.

Kurzsichtige Fische: Fische nehmen nur eine geringe Lichtmenge wahr. Wegen ihrer kugelförmigen Augenlinsen sind sie kurzsichtig und fast farbenblind.

Ein Hai mit Katzenaugen: Einige Haiarten haben im Innern des Auges eine Schicht, die das spärliche Licht verstärkt. So können sie ihre Beute besser erkennen, wenn sie im Dämmerlicht jagen.

Das Thunfischrennen

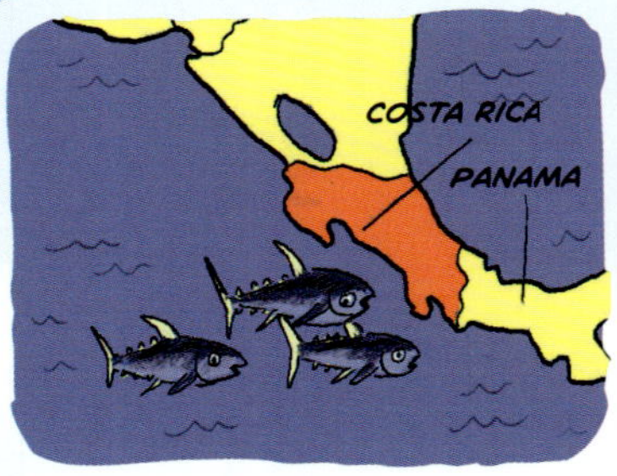

Der richtige Ort

Im April sammeln sich die Gelbflossen-Thunfische des Pazifiks vor Costa Rica. Sie werden angelockt von Millionen von kleinen Fischen, die zu dieser Jahreszeit das in Überfülle vorhandene Plankton fressen. Die jagenden Thunfische treiben die kleinen Fische an die Wasseroberfläche. Vom Boot aus kann das Filmteam beobachten, wie die Meeresoberfläche brodelt und wie die Seevögel sich ihren Teil vom Festschmaus holen.

Maßarbeit

Die vom Boot gezogenen Torpedokameras wurden in einem Testbecken für Schiffbau entwickelt. Spezialisten für Wehrtechnik hatten hierfür monatelang komplizierte Berechnungen angestellt. Am Torpedo der Unterwasserkameras wurden Stabilisierungsflossen angebracht, deren Länge, Durchmesser und Lage äußerst genau abgestimmt werden mussten. Die Kamera sollte auch bei großen Geschwindigkeiten stabil durchs Wasser gleiten können.

Die Dreharbeiten

Sobald ein Thunfischschwarm gesichtet wurde, ließen Alexandre Bugel und Alain Benoist die Torpedokamera zu Wasser. Das Kabel, das die Kamera mit dem Aufnahmegerät an Bord verbindet, wird bis vor die Thunfische abgerollt. Anschließend beschleunigt das Boot die Kamera auf gleiche Geschwindigkeit mit den dahineilenden Thunfischen. Unter Deck erscheint es Alexandre Polichot auf seinem Bildschirm, als würde der Schwarm direkt auf ihn zukommen!

Gelbflossen-Thunfische unterscheiden sich von Roten Thunfischen durch die Farbe ihrer Rücken- und Afterflossen. Zudem sind ihre Brustflossen länger.

Das Geheimnis der Torpedokameras

Jonas, 1,6 Meter lang und 26 Zentimeter dick, enthält ein Objektiv und einen Sensor. Das Glasfaserkabel dient gleichzeitig zur Bildübertragung und als Zugleine.

Simeon ist nach dem gleichen Prinzip gebaut, aber nur 80 Zentimeter lang. Für seine Wasserstabilität sorgen zwei große Flossen mit Schwimmern und ein schwerer Kiel.

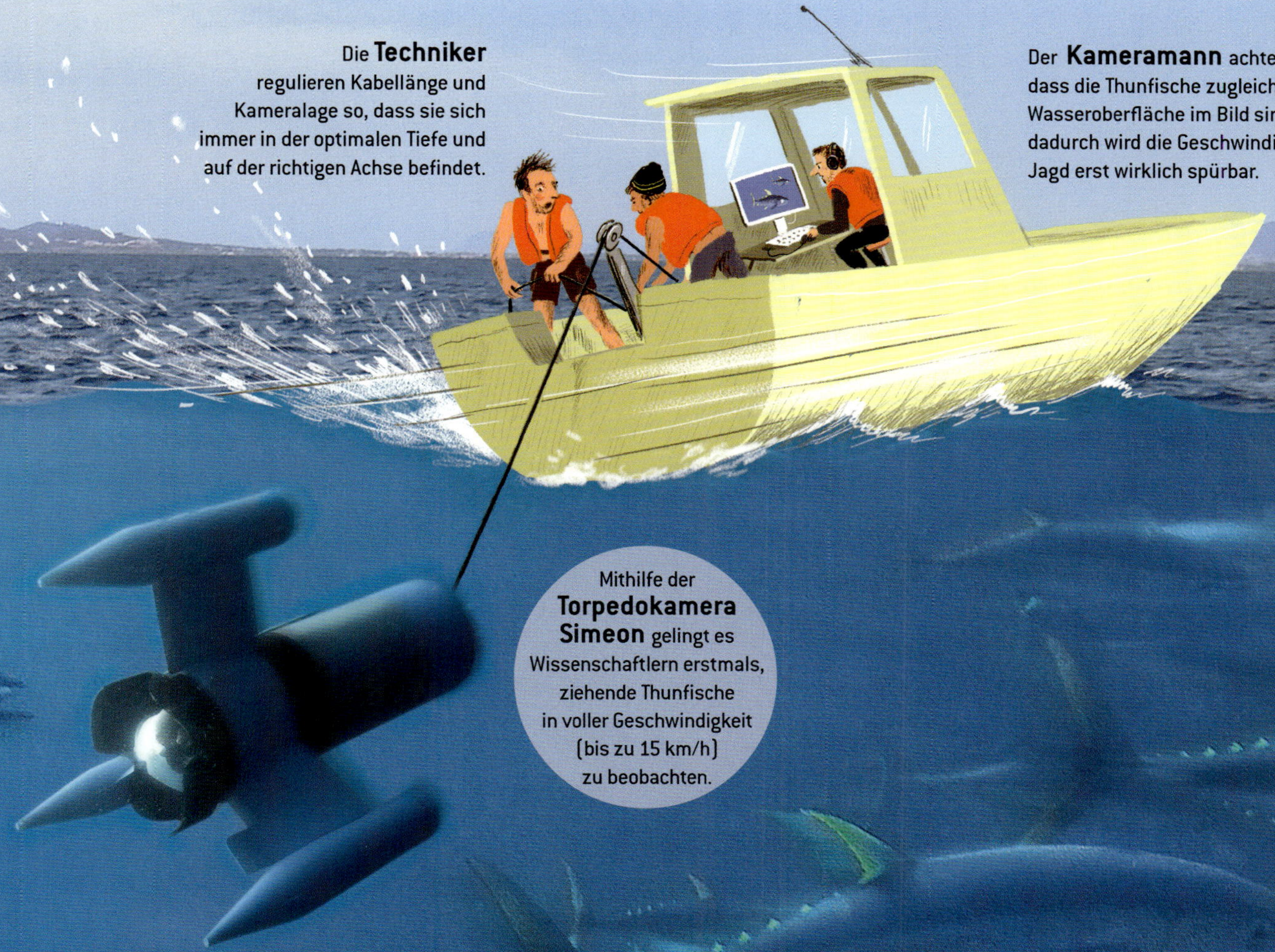

Die **Techniker** regulieren Kabellänge und Kameralage so, dass sie sich immer in der optimalen Tiefe und auf der richtigen Achse befindet.

Der **Kameramann** achtet darauf, dass die Thunfische zugleich mit der Wasseroberfläche im Bild sind, denn dadurch wird die Geschwindigkeit der Jagd erst wirklich spürbar.

Mithilfe der **Torpedokamera Simeon** gelingt es Wissenschaftlern erstmals, ziehende Thunfische in voller Geschwindigkeit (bis zu 15 km/h) zu beobachten.

AUSWEIS

MEERESBEWOHNER

Name:
Gelbflossen-Thunfisch

Lateinischer Name:
Thunnus albacares

Lebensraum:
tropische/subtropische Meere

Größe (max.): **2,30 Meter**

Gewicht (max.): **200 Kilo**

Lebenserwartung:
50–80 Jahre

Die große Thunfischfamilie

Auf ihren **Wanderungen** zwischen Fortpflanzungs- und Nahrungsgebieten legen Thunfische weite Strecken zurück.

Der Rote Thunfisch kann bis zu 4,5 Meter lang und 650 Kilo schwer werden. Er ist der schnellste aller Thunfische.

Roter Thunfisch ist derzeit so stark überfischt, dass der Bestand im Mittelmeer auszusterben droht.

Ein imaginäres Museum

Das inszenierte Museum

Eigens für den Film wurde für nur fünf Tage ein Naturkundemuseum geschaffen. In einer auf der Welt einzigartigen Ausstellung wurden sämtliche ausgestorbenen und bedrohten Meerestierarten versammelt – für so eine umfangreiche Zusammenstellung musste eine besonders große Halle gefunden werden. Der zum Ozeanmuseum »Cité de la Mer« umgewandelte alte Hafenbahnhof in Cherbourg war dafür ideal.

Warnzeichen

30 originale Tierpräparate wurden aus französischen Museen für die Ausstellung ausgeliehen, sechs ausgestorbene Tierarten wurden künstlich nachgebaut: Stellers Seekuh, der Jangtse-Delfin, die Karibische Mönchsrobbe, der Jangtse-Tümmler, der Hector-Delfin und der Engelhai. Diese Nachbildungen sollten die Öffentlichkeit alarmieren: Sind Museen bald die einzigen Orte, an denen man die vom Aussterben bedrohten Tierarten noch bewundern kann?

Ausgestorbene Arten

Der **Jangtse-Delfin** lebte im größten Fluss Chinas und ist 2007 ausgestorben. Grund für sein Verschwinden ist die Zerstörung seines Lebensraums: die Begradigung von Wasserläufen, die starke Verschmutzung der Gewässer und zu intensiver Fischfang.

Die **Karibische Mönchsrobbe** war bis 1950 in tropischen Gewässern beheimatet. Sie wurde von Jägern und Fischern ausgerottet und aus ihren Fortpflanzungsgebieten vertrieben. Nun ist die Hawaii-Mönchsrobbe die einzige Robbenart in tropischen Gewässern und ebenfalls bedroht.

3D-Zauber

Einige der im Film gezeigten Tiere sind am Computer entstanden und wurden nach den Dreharbeiten digital in das Filmmaterial eingespielt. Insbesondere die Wale waren zu groß, um als Skulptur nachgebildet oder ausgestopft werden zu können. Also haben vier Computerkünstler sie in virtueller Dreidimensionalität nachgebildet. Im Film erwecken sie den Eindruck, als würden sie direkt über den beiden Schauspielern schwimmen.

Der **Teleskop-Kamerakran** Louma ST50 ermöglicht Kamerabewegungen in einem Umkreis von 15 Metern. Er wiegt 2,5 Tonnen und kann nur mit vier Technikern bewegt werden.

Drei Etappen
der Filmarbeiten

Besprechung des Szenenaufbaus: Der Szenenbildner zeigt den Regisseuren ein Modell des Museums mit Umrissfiguren der Tierskulturen.

Das Aufstellen der Präparate: Experten bereiten die ausgestopften Tiere sorgfältig vor – hier zum Beispiel den Riesenalk.

Kamera ab! Jacques Cluzaud filmt Jacques Perrin und seinen Sohn Lancelot für eine Filmsequenz, in der sie zwei Betrachter des Museums verkörpern.

Der **Riesenalk** war der einzige flugunfähige Seevogel der Nordhalbkugel und erinnert an die Pinguine der Antarktis. An Land konnte er sich nur unbeholfen fortbewegen und wurde so ein leichtes Opfer von Jägern. Das letzte Riesenalk-Paar wurde 1852 getötet.

Der **Japanische Seelöwe** war die einzige asiatische Ohrenrobbe. Gründe für das Aussterben dieser Tiere Mitte des 20. Jahrhunderts waren die zunehmende Verstädterung Japans und die damit verbundene Vereinnahmung ihrer Lebensräume.

Die rekonstruierte **Seekuh**

Mit dem rollenden **Kamerawagen** des leitenden Technikers Vincent Blasco lässt sich die Kamera sehr präzise und weich gleitend um die Ausstellungsstücke bewegen.

Wer war die Seekuh?

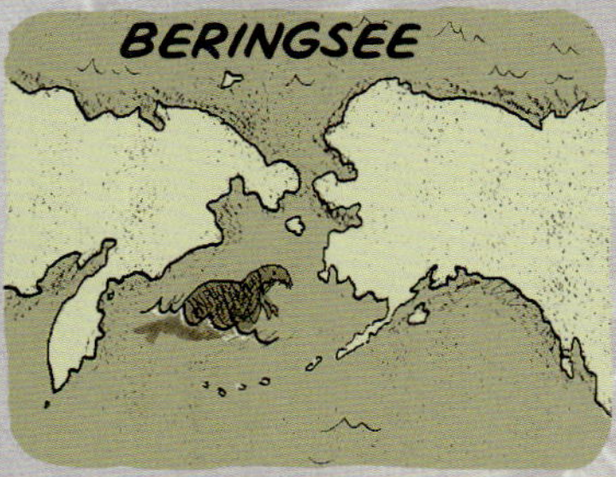

Stellers Seekuh, die riesige Verwandte des Dugong, starb 1768 aus. Ihre Haut sah aus wie die Rinde einer alten Eiche, und eine dicke Speckschicht schützte sie vor dem kalten Wasser. Als Pflanzenfresser weidete sie die Algen entlang der Küsten ab. Mehr wird man über das vor fast 250 Jahren ausgestorbene Tier wohl nicht erfahren. Weltweit sind nur etwa dreißig unvollständige Skelette der Seekuh erhalten.

Die Rekonstruktion

Stellers Seekuh konnte nicht mehr fotografisch dokumentiert oder näher erforscht werden. Ihr Aussterben zeugt von der Gedankenlosigkeit der Menschen im Umgang mit der Natur. Deshalb war es den Regisseuren wichtig, Stellers Seekuh im Film auftauchen zu lassen. Das weltweit einzigartige Modell der Seekuh kann heute im Pariser Naturkundemuseum bewundert werden.

Der Nachbau

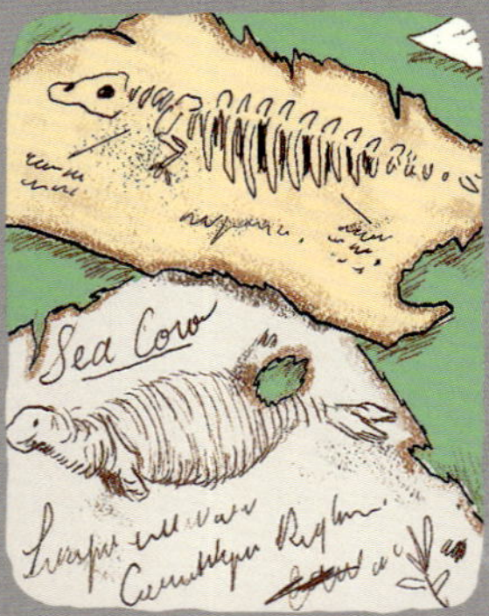

❶ **Dokumente**
Neben Skeletten geben einige alte Beschreibungen und Zeichnungen des Naturforschers Steller Auskunft über das Aussehen der Seekuh.

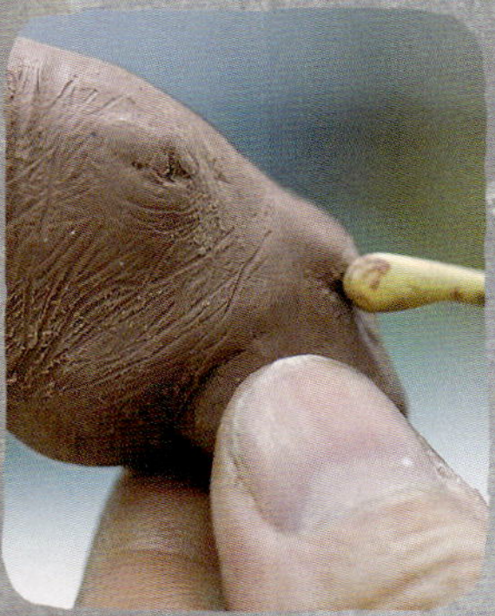

❷ **Miniatur-Modell**
Der Bildhauer Francis Poirier stellt ein etwa 20 Zentimeter kleines Seekuhmodell aus Plastilin her – dieses Material lässt sich feiner bearbeiten als Ton.

❸ **Originalgröße**
Anschließend überträgt der Bildhauer die Proportionen des Modells auf einen neun Meter langen Polystyrol-Block, um das Tier in Originalgröße darzustellen.

Luc Drions **Kamera** scheint die Seekuh zu streicheln – ein bewegender Augenblick, in dem das Team vom verschmitzten Blick des Tieres verzaubert wird.

Im 18. Jahrhundert schicken russische Zaren zahlreiche Expeditionen nach Sibirien und in den Pazifik.

1741 nimmt der Naturforscher **Georg Wilhelm Steller** an einer Expedition ins Beringmeer teil und dokumentiert die Entdeckung der Seekuh schriftlich.

Wegen ihres Fleisches und Fettes wurde die Seekuh lange **schonungslos** gejagt. 1768, nur 27 Jahre nach ihrer Entdeckung, wurden die letzten Seekühe **ausgerottet**.

AUSWEIS

MEERESBEWOHNER
(1768 ausgestorben)

Name: **Stellers Seekuh**

Beiname: **Riesenseekuh**

Lateinischer Name: ***Hydrodamalis gigas***

Lebensraum: **Beringmeer**

Größe (max.): **8 Meter**

Gewicht (max.): **6 Tonnen**

Lebenserwartung: **50–80 Jahre**

Die Dreharbeiten

Die in fünf Wochen Arbeit in Francis Poiriers Atelier entstandene Polystyrol-Seekuh wiegt stolze 350 Kilo. Zwar stützt eine versteckte Metallkonstruktion das Modell von innen, aber es ist dennoch sehr instabil. Daher waren besondere Vorsichtsmaßnahmen nötig, als die Seekuh an den Drehort in Cherbourg transportiert wurde. Im geheimnisvollen Licht der Kinoscheinwerfer erwachte das Tier scheinbar zum Leben.

4 Haarig! Mit Gänsefedern gelingt es der Maskenbildnerin Mélanie Gerbeaux-Lainé, die Barthaare der Seekuh lebensecht nachzubilden.

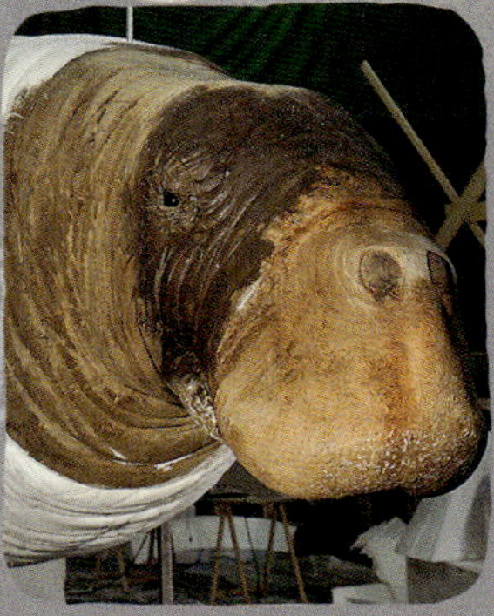

5 Hautpflege Mit zahlreichen Farbschichten schafft es Malerin Lola Haertling, die Haut der Seekuh nach den Beschreibungen Stellers wie »Eichenrinde« aussehen zu lassen.

6 Letzter Schliff Chef-Bühnenbildner Jean Rabasse pinselt Gel in den Augenwinkel der Seekuh und verleiht ihren Augen dadurch einen täuschend lebensechten Glanz.

Achtung, Kamera läuft, Taifun!

Das Verfahren

Um spektakuläre Aufnahmen von einem Sturm machen zu können, müssen verschiedene Voraussetzungen erfüllt sein: starker Wind, der die Wellen aufpeitscht, eine Springflut, die das Meer wild aufwühlt, und ein paar Sonnenstrahlen, die durch dunkle Wolken dringen. Wenn man sich dann noch in die starke Strömung einer Meerenge zwischen zwei Inseln begibt, lässt sich die Dramatik eines Sturms auf hoher See kaum noch steigern.

Weltuntergang

Am Tag X sticht das Kriegsschiff mit Kurs auf die berühmt-berüchtigte Wasserstraße »Passage de Fromveur« vor der Atlantikküste der Bretagne in See. Selbst die erfahrenen Seeleute an Bord haben einen solchen Sturm noch nie erlebt, und dem Filmteam kommt es so vor, als stünde die Welt kurz vor dem Untergang. Nur der Hubschrauberpilot bleibt vergnügt. Er kann das Naturschauspiel gelassen von oben betrachten.

Bordtagebuch

Datum : **10. März 2008**
Schiffsname : **Latouche-Tréville (Zerstörer der französischen Marine)**
Länge : **139 Meter**
Höhe über dem Wasser: **48 Meter**
Höchstgeschwindigkeit : **30 Knoten**
Kommandant : **Kapitän zur See de Norbecourt**
Kurs : **Nordatlantik**
Windgeschwindigkeit : **60 Knoten (100 Stundenkilometer)**

Hilfreicher Freund

Bei Sturmwetter liegt ein Hubschrauber sicherer in der Luft als ein Flugzeug. Bei extremem Wind können allerdings die Rotorblätter an das Heck stoßen. Der Start eines Hubschraubers ist daher nur bis zu einer Windgeschwindigkeit von 50 Knoten zulässig.

Der Hubschrauberpilot Thierry Leygnac fliegt einen **Ecureuil**: einen leichten und sehr wendigen Helikopter, der sich bestens für stürmische Luftaufnahmen eignet. Er kann sich bei **Windstärken bis 30 Knoten** noch seitwärts und rückwärts bewegen.

Die zehn Meter **hohen Wellen,** in die der Zerstörer frontal hineinsticht, wirbeln gewaltige Gischtfontänen auf, die das gesamte Schiff bedecken.

Wissenswertes
über den »Heliman«

Thierry Leygnac, ehemaliger Fluglehrer bei der Marine, ist für Flüge bei jeder Wetterlage ausgebildet und ein wahrer Fachmann für Luftaufnahmen über dem Meer.

Er weiß seinen Helikopter auch mitten im Sturm sicher zu steuern, und sein Wahlspruch lautet: »Man sollte am Abheben mehr Freude haben als am Landen.«

Die Dreharbeiten

Die Kamera ist in einer **gyrostabilisierten Kugel** seitlich am Hubschrauber angebracht. Der Kameramann sitzt neben dem Piloten und nimmt die Einstellungen mithilfe eines Videobildschirms vor. Die Seitentür des Hubschraubers bleibt während des Fluges geöffnet, damit der Assistent das Objektiv säubern, die Brennweite einstellen und für die Stabilität der Kamera sorgen kann. Er sitzt am Rand der Einstiegsluke, und seine Beine baumeln in der Luft!

Der Helikopter liegt sicher in der Luft, solange er **gegen den Wind** fliegt. Das Schiff zu umkreisen ist daher keine einfache Aufgabe, denn der Hubschrauber wird leicht vom starken Wind fortgetrieben und muss mittels Kurvenflug gegensteuern.

Der Kameramann nimmt den Flug über seinen Bildschirm wahr. Oft bittet er den Piloten, tiefer zu fliegen, um noch eindrucksvollere **Nahaufnahmen** zu bekommen. Oft ist der Flug dem Kameramann erst dann tief genug, wenn seine Füße schon das Wasser berühren …

Der Ozean bleibt zu entdecken!

Früher war es das Anliegen der Naturwissenschaft, Tierarten nach bestimmten Kriterien zu klassifizieren. Heute reichen uns rein wissenschaftliche Beschreibungen der Natur nicht mehr aus. Wer die Lebens- und Verhaltensweisen der Meeresbewohner kennenlernen möchte, muss die Tiere in ihrem natürlichen Lebensraum beobachten. Dank einzigartiger technischer Hilfsmittel gelang es hier den Regisseuren, zu »Fischen unter Fischen« zu werden.

Am Ende einer Reihe von 70 Expeditionen an außergewöhnliche Orte über und unter Wasser ist unser bisheriges Wissen über das Leben in den Ozeanen wie eine Seifenblase geplatzt. Das Leben im Meer entzieht sich allen wissenschaftlich für abgesichert gehaltenen Regeln. Unter Wasser trifft man auf die unglaublichsten Lebensformen und Verhaltensweisen. Die Natur ist unberechenbar und hört nicht auf, uns zu widerlegen.
Aus Büchern hatten wir gelernt, dass Mantarochen friedlich Plankton filtern. Nun aber haben wir gefilmt, wie sie gleich einer Horde ausgehungerter Haie Jagd auf Fischschwärme machten ... Kap-Tölpel tauchen nicht? Wir aber haben nun beobachtet, wie sie ihre Beute bis in 15 Meter Tiefe verfolgten ... Wale jagen allein? Wir durften ihre ausgefeilte Teamarbeit bestaunen, als die Tiere in den Fjorden Alaskas Heringe fingen ... Ein Wal würde nie mit Absicht stranden? Wir haben eine Schwertwal-Familie kennengelernt, die es fertigbrachte, ins Wasser zurückzukehren, nachdem sie am Strand Robben erbeutet hatte.
Vor Ort tritt also die generelle Vorstellung, die wir uns von einer bestimmten Tierart gemacht haben, zugunsten individueller Eigenarten bestimmter Familienverbände zurück. Die verschiedenen Gruppen haben unterschiedlichste Verhaltensweisen entwickelt, die sie unverwechselbar machen.

Kein Katalog, kein Museum und kein Zoo der Welt kann Naturkenntnisse so lebendig vermitteln, wie sie durch geduldige Beobachtung in freier Natur gewonnen werden können. Unser Film will dieses Erlebnis besonders vielen Menschen ermöglichen. Denn wie könnte man besser von der Zärtlichkeit einer Walrossmutter erzählen als durch einen Film? Wie könnte man anschaulicher zeigen, wie ausgelassen Delfine mit einer Alge Ball spielen oder wie ein 30 Tonnen schwerer Wal mit der Anmut eines Schmetterlings durchs Wasser tanzt?
Damit wir die Meerestiere aus nächster Nähe beobachten konnten, haben wir neuartige technische Hilfsmittel entwickelt. Ermöglicht wurden all unsere Begegnungen im Meer aber auch durch unsere enorme Geduld und unseren großen Respekt vor den Tieren. All die erstaunlichen Erfahrungen möchten wir nun mit euch Kinobesuchern teilen. Und dann seid ihr dran: Ihr seid die Entdecker von morgen. Ihr werdet Arten entdecken, die wir heute nicht für möglich halten, und neue Geräte erfinden, um euch den Tieren zu nähern, neuartige Kameras, mit denen ihr sie besser begleiten könnt. Ihr werdet in das Leben von Kreaturen eintauchen, denen wir uns heute noch nicht zu nähern wagen, und werdet sie besser verstehen lernen. Über unsere Unwissenheit und unsere Ängste könnt ihr dann nur lachen! Es bleibt so viel zu entdecken!

BILDNACHWEIS

Umschlag: Roberto Rinaldi
S. 6: François Sarano
S. 7–9: Christophe Cheysson
S. 10: Richard Hermann und Photogramme Galatée
S. 11: Photogramme Galatée, Pascal Kobeh und Richard Hermann
S. 14/15: Stéphane Durand
S. 16/17: Igor Belly und David Reichert
S. 18/19: Pascal Kobeh
S. 20/21: François Sarano und Pascal Kobeh
S. 22/23: Martine Todisco, Johann Mousseau und Photogramme Galatée
S. 24/25: Richard Hermann, Koji Nakamura und Hideki Abe
S. 26/27: François Sarano
S. 28/29: François Sarano und Christophe Cheysson
S. 30/31: François Sarano und Mathieu Simonet
S. 32/33: Pascal Kobeh und François Sarano
S. 34/35: Richard Hermann, Julien Samson und Alexandre Bugel
S. 36/37: François Sarano, Mathieu Simonet und Stéphane Durand
S. 38/39: François Sarano und Stéphane Durand
S. 40/41: Photogramme Galatée, Marine Nationale und Thierry Leygnac
S. 43: Pascal Kobeh

FRANÇOIS SARANO
ist promovierter Ozeanologe und professioneller Taucher. Er hat 13 Jahre lang mit Jacques Cousteau zusammengearbeitet, erst als Taucher, dann als Berater und Projektleiter auf der *Calypso*. François Sarano ist Gründungsvorsitzender der Vereinigung zum Schutz der Unterwasserwelt *Longitude 181 Nature*. Am Entstehen des Films *Unsere Ozeane* war er als Taucher, wissenschaftlicher Berater und Koautor beteiligt.

STÉPHANE DURAND
ist Biologe, Ornithologe und Wissenschaftsjournalist. Mit Jacques Perrin und Jacques Cluzaud hat er bereits beim Projekt *Nomaden der Lüfte* zusammengearbeitet. Seit 1997 ist er mit ihnen als wissenschaftlicher Berater und Koautor unterwegs.

Bibliografische Information Der Deutschen Nationalbibliothek
Die Deutsche Nationalbibliothek verzeichnet diese Publikation in der Deutschen Nationalbibliografie; detaillierte bibliografische Daten sind im Internet unter http://dnb.d-nb.de abrufbar.

Titel der Originalausgabe: *Océans, Les secrets d'un tournage*
Erschienen bei Éditions du Seuil / Seuil Jeunesse, Paris 2009

Deutsche Erstausgabe

Ein Unternehmen der La Martinière Groupe

Umschlaggestaltung: Gudrun Bürgin
Lektorat und Satz: VerlagsService Dr. Helmut Neuberger & Karl Schaumann GmbH
Druck: Pollina, Luçon
Printed in France

ISBN 978-3-86873-194-1

www.knesebeck-verlag.de